Silly Cat!

by Luis Molta • illustrated by Corcoretto

I0901695

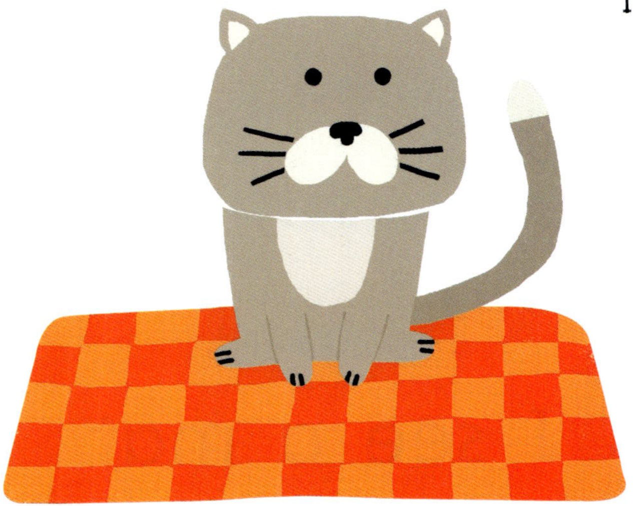

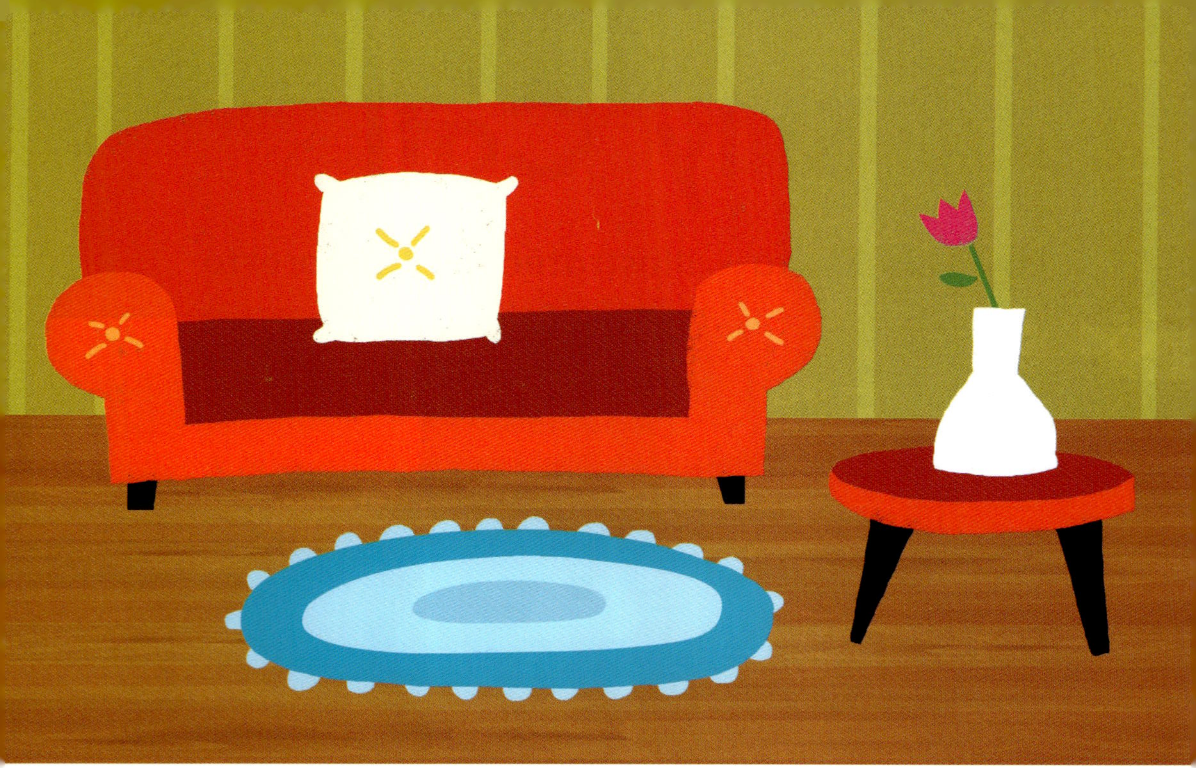

I see a mat.

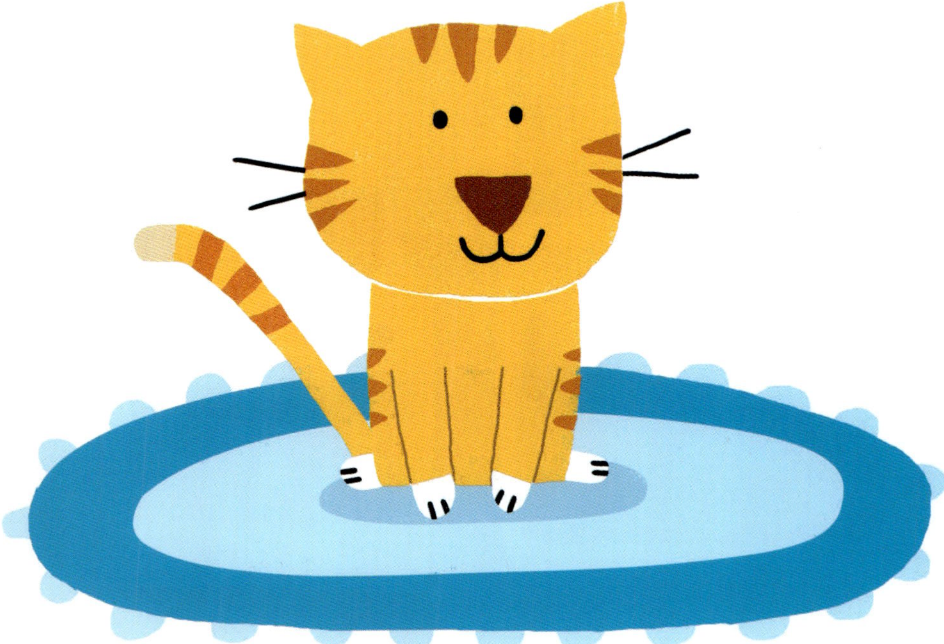

The cat sat.

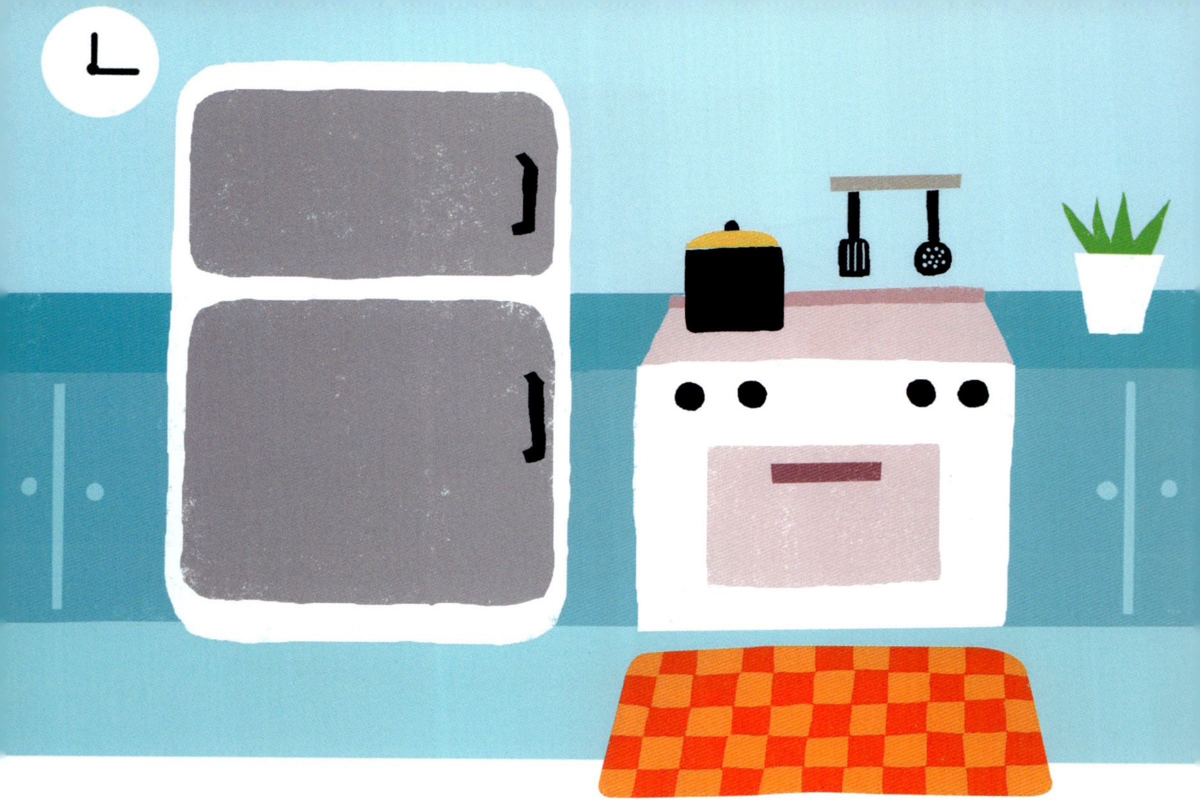

I see a mat.

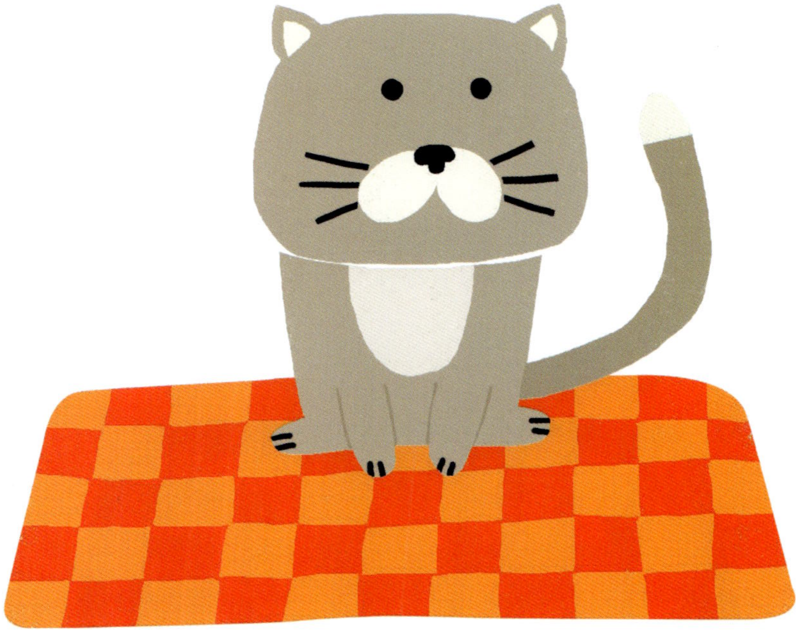

The cat sat.

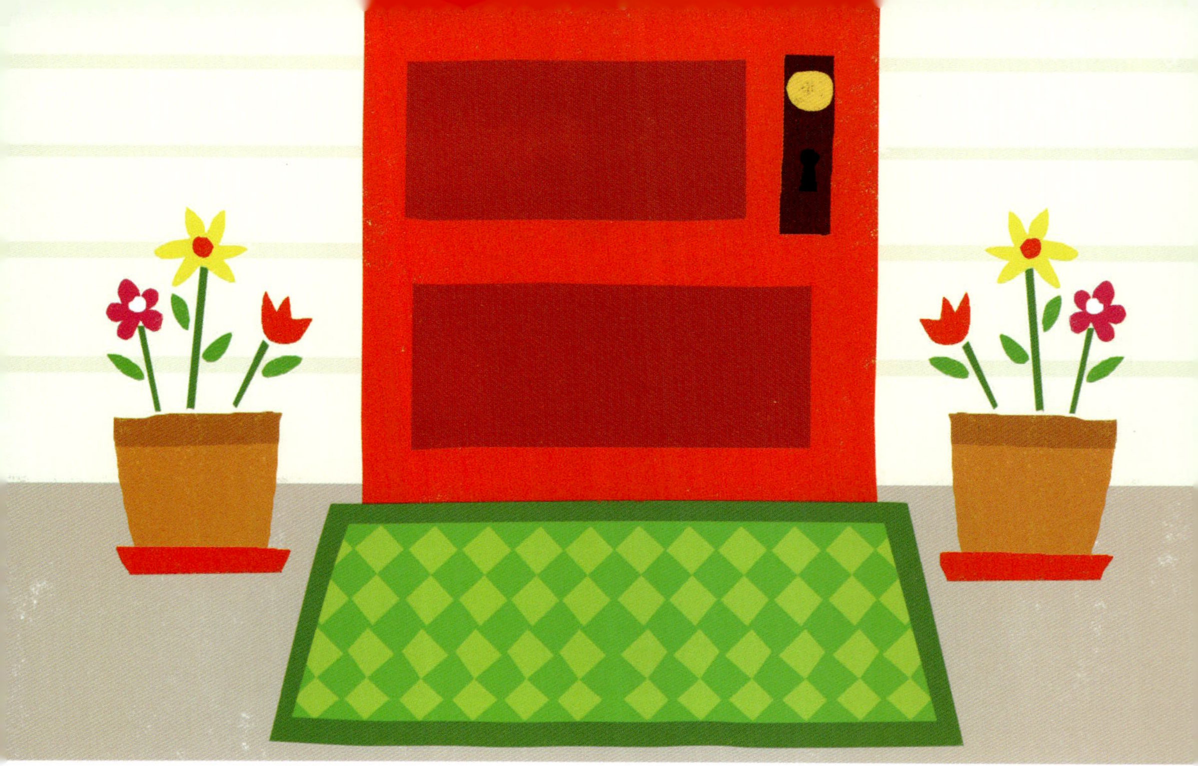

I see a mat.

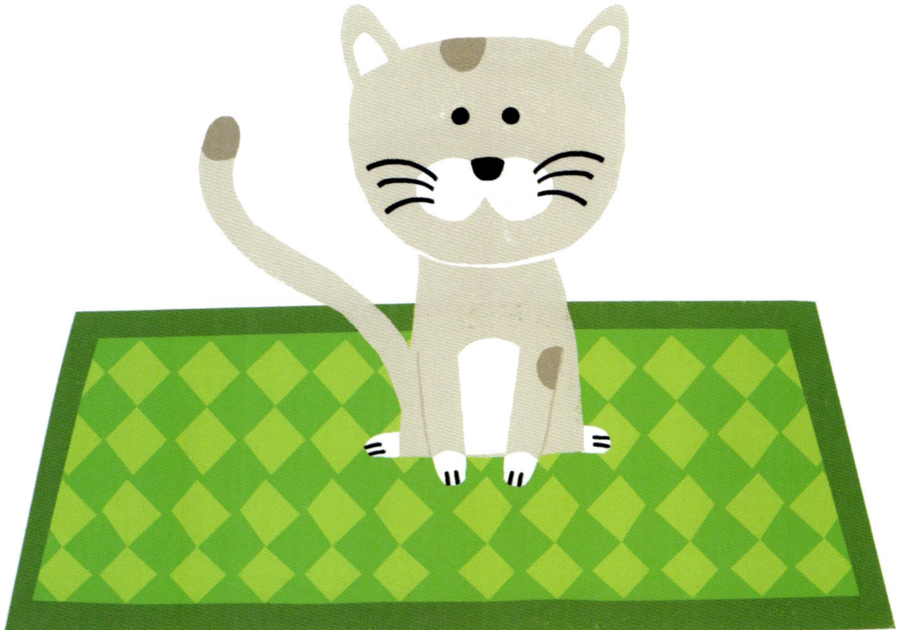

The cat sat.

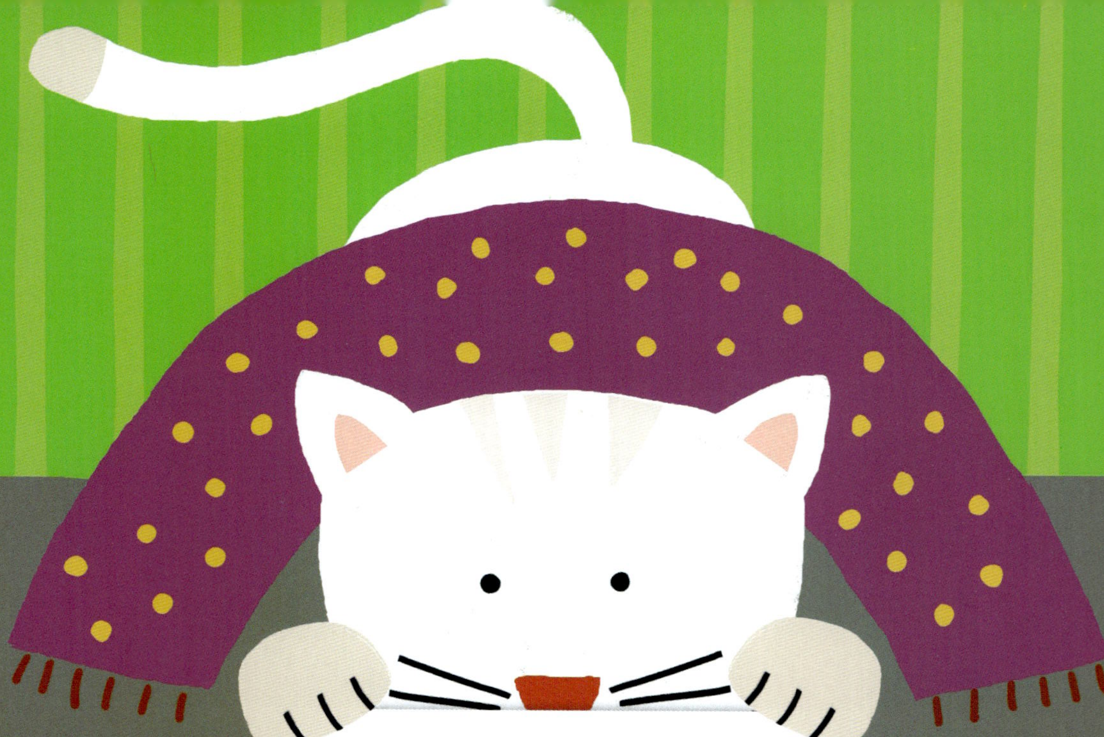

I see a mat.
Silly cat!